I0481657

Henri Baudrillart

Les Impôts sur
les consommations
de luxe

Essai

Le code de la propriété intellectuelle du 1er juillet 1992 interdit en effet expressément la photocopie à usage collectif sans autorisation des ayants droit. Or, cette pratique s'est généralisée dans les établissements d'enseignement supérieur, provoquant une baisse brutale des achats de livres et de revues, au point que la possibilité même pour les auteurs de créer des œuvres nouvelles et de les faire éditer correctement est aujourd'hui menacée. En application de la loi du 11 mars 1957, il est interdit de reproduire intégralement ou partiellement le présent ouvrage, sur quelque support que ce soir, sans autorisation de l'Éditeur ou du Centre Français d'Exploitation du Droit de Copie , 20, rue Grands Augustins, 75006 Paris.

ISBN : 978-1983644535

10 9 8 7 6 5 4 3 2 1

Henri Baudrillart

Les Impôts sur les consommations de luxe

Essai

Table de Matières

Introduction

Les impôts sur les consommations de luxe ne forment pas dans les budgets des différentes nations une catégorie sous cette désignation spéciale. Le nom de luxe n'y est pas prononcé ou ne l'est que très rarement. Peut-être le législateur l'a-t-il jugé vague, peut-être a-t-il voulu éviter de rappeler les anciennes taxes somptuaires, peut-être encore a-t-il craint de présenter comme un point de mire aux instincts démagogiques ; mais, si le mot ne se trouve guère, l'idée n'est pas absente. Nul doute que, dans l'établissement de certaines taxes d'un poids exceptionnel, le législateur n'ait été décidé par cette circonstance, qu'elles offrent plus de rapport avec le plaisir qu'avec le besoin, qu'elles atteignent les riches plus que les pauvres. Il n'y a rien à redire, si la mesure est observée, et si les considérants sur lesquels s'appuient de tels impôts ne revêtent pas, comme on l'a vu plus d'une fois, le caractère d'une hostilité systématique contre le luxe et la fortune. Les pays démocratiques comme le nôtre peuvent faire une part à ces taxes ; ils doivent se garder de l'exagérer, et de prêter par là des armes à ces écoles et à ces passions pour qui tout est prétexte dans la lutte radicale qu'elles soutiennent contre le capital et les inégalités sociales.

La manière dont se comporte une société démocratique vis-à-vis du luxe est un des signes qui permettent le mieux d'en juger les tendances. Nulle part on n'aperçoit mieux quelle idée elle se fait de la liberté et de l'égalité. Rarement les démocraties se sont contentées de voir dans les manifestations du luxe un simple signe de la richesse qui aide à l'atteindre par l'impôt selon la règle d'une exacte proportion, ou une de ces dépenses facultatives que le législateur peut surtaxer dans une certaine mesure sans s'inspirer d'une haine jalouse. Je prendrai pour exemple la révolution française. La rancune démocratique contre le luxe, avant de passer dans quelques taxes dictées par ce sentiment malveillant contre les riches, prit des formes aussi violentes que variées. Sans doute le luxe, lié aux anciens privilèges, devenait solidaire des mêmes représailles. En même temps que les *riches* sont traités en suspects à l'égal des nobles, les déclamations contre le *superflu* remplissent, dès 1789 et 1790, les discours et les journaux de la démagogie. Marat aboie au luxe dans son horrible feuille. Saint-Just, plus systématique, rédige ses plans à la Lycurgue. On est étonné de trouver ces mêmes idées de simplicité antique, alliées à des projets restrictifs contre la propriété, dans les harangues et dans les écrits de quelques girondins. Rousseau et Mably influent même sur ces esprits plus libéraux et plus intelligents des conditions de la vie moderne. Combien de fois n'est-il pas question à cette époque de diminuer l'opulence, de frapper le faste et la mollesse par un système d'impôt tendant à l'*égalité* et à la *vertu* ! C'est ce qui donne une signification plus accusée qu'elles ne l'auraient sans ces passions, sans ces préventions qui leur servent de commentaire, à quelques lois destinées à atteindre certaines manifestations de luxe. L'aristocratie anglaise avait après tout frayé la voie à la révolution, lorsque celle-ci taxa les chevaux, les domestiques, les mulets de luxe, les valets et les litières ; c'est l'intention chez quelques-uns de ceux qui votèrent ces mesures, c'est aussi le défaut de modération qu'il faut reprocher aux lois qui se succédèrent, en se modifiant les unes les autres, le 13 janvier 1791, le 14 thermidor an IV, le 26 fructidor an VI et le 3 nivôse an VII. Un document financier justement célèbre, le *Rapport au roi*, qui fut adressé à Charles X en 1830, dénonce sévèrement les effets du tarif de 1795, « qui force la richesse elle-même à prendre les attributs de la misère, et à subir le joug de cette ruineuse égalité qui est devenue l'idole du jour. » Le caractère progressif de l'impôt auquel il est fait allusion par le rapporteur put produire ce résultat dans une certaine mesure ; mais il est plus que probable que d'autres vexations encore plus efficaces contre le riche et le luxe, se joignant à l'état de souffrance des affaires, y contribuèrent dans une proportion beaucoup plus forte que la taxe elle-même.

Comment les mêmes instincts niveleurs auraient-ils disparu avec le développement des idées démocratiques ? Qui ne se souvient de la séance tristement mémorable du 15 mai 1848, suite et prélude d'autres *journées* du même genre, où presque invariablement le communisme lève la tête par-dessus la politique, qui fournit le prétexte ? Lorsqu'on vit à la tribune Barbes proposer de mettre un impôt de 1 milliard sur les riches, l'idée de frapper le luxe et le superflu n'était pas étrangère à cette façon toute révolutionnaire de trancher les questions de finances. Faut-il remonter jusqu'à 1848 ? Les traces des incendies allumés à Paris ne sont pas effacées. On n'y voit que trop quel cas la commune a fait du plus noble et du plus glorieux de tous les luxes, le luxe public consacré aux grands souvenirs de la patrie et aux chefs-d'œuvre des arts. Que le triste pouvoir qui en mars 1871 réussissait à saisir, pour la garder pendant plus de deux mois, la plus invraisemblable des dictatures, eût pu disposer d'un peu plus de temps, après le luxe public le luxe privé aurait eu son tour. N'y avait-il pas comme un commencement d'exécution contre ce dernier luxe lorsque la main des factieux enlevait tout ce qui faisait l'élégante décoration de la maison de M. Thiers, lorsque l'ordre d'incendier les hôtels des quartiers aristocratiques était signé en même temps que celui de mettre le feu aux palais habités par les souverains ou qui étaient le siège de grands corps de l'état ? Nul doute que la commune n'eût fait chaque jour de nouveaux pas dans cette voie où elle était entrée avec des procédés dignes de l'état sauvage, — que sous forme de confiscation et d'impôts elle ne se fût attaquée à tout ce qui révèle le luxe privé, à ce titre uniquement qu'il est blessant pour l'égalité et offensant pour la misère. Et pourtant certes ce n'était cette fois à aucun degré ni le stoïcisme philosophique, ni l'ascétisme chrétien qui entraient en lutte contre le luxe. Plusieurs des chefs de la commune se sont donné pendant ce règne d'un moment toutes les grossières jouissances alliées à l'amour du sang, comme si ces prétendus réformateurs trouvaient excellente pour eux-mêmes la devise : *courte et bonne*, empruntée au temps et aux hommes qu'ils ne manquaient aucune occasion de flétrir avec des airs de vertu effarouchée.

Trois suppositions sont possibles : on peut abuser de ces impôts sur les consommations de luxe en vertu d'une théorie sociale égalitaire ; on peut au contraire ne vouloir en faire aucun usage, — on allègue alors ce qu'ils ont ou paraissent avoir de peu conforme au libre emploi de la richesse ; on place cette condamnation absolue sous les auspices de quelque système, comme les économistes en ont présenté plusieurs aux différentes époques, depuis l'impôt unique foncier des physiocrates jusqu'à l'impôt sur le capital, préconisé aujourd'hui comme devant remplacer l'ensemble trop peu logique de nos taxes. On peut croire enfin juste, équitable, utile, d'établir de ces taxes sur certaines consommations plus facultatives, et où l'idée d'agrément l'emporte sur l'idée d'utilité. Les peuples les plus civilisés ont adopté cette dernière solution. Je ne connais guère de budget, quelle que soit la forme du gouvernement, quel que soit l'état de la société, où l'on n'ait considéré certaines dépenses d'agrément, quelquefois de pure vanité, comme susceptibles d'une taxation particulière. Ont-ils eu tort ? Je ne le crois pas. Il serait fort injuste en tout cas de crier au socialisme toutes les fois que cette pensée se fait jour, d'autant plus que ces taxes se trouvent tout aussi bien, et même avec un caractère plus prononcé, chez des peuples où l'aristocratie tient une grande place. D'un autre côté, la pente est glissante. Une aristocratie peut faire son sacrifice, se surtaxer elle-même sans que cela tire à conséquence ; elle saura s'arrêter à la limite de ses droits et de ses intérêts. Il n'est pas aussi aisé à la démocratie de se modérer dans une voie où il semble que tout la pousse. Il est donc important d'examiner les motifs qui seuls légitiment ces taxes, d'indiquer autant que possible la mesure où des impôts qui peut-être n'ont pas dit leur dernier mot doivent être renfermés.

Section I

On a prétendu quelquefois justifier du point de vue démocratique les impôts systématiquement établis contre le luxe et l'opulence par deux raisons spécieuses : on a dit que l'exiguïté même de leurs ressources condamne les pauvres à consacrer une part proportionnelle de leur revenu plus grande que le riche à leurs loyers et à leurs achats faits au détail, et que certains impôts, comme l'octroi ou l'impôt sur le sel, les atteignent également dans une proportion plus grande que les riches. Ce ne sont pas seulement les adeptes des écoles socialistes qui ont développé ces considérations ; quelques économistes dont l'autorité n'est aucunement à dédaigner en ont tenu compte. Il serait trop tentant pour la démocratie d'entreprendre, à l'aide de ces motifs, une sorte de campagne contre ces dépenses de luxe qui sont plus particulièrement le privilège des riches. Heureusement il suffit de rectifier ce que la théorie présente ici de défectueux pour arrêter la pratique sur une pente périlleuse. Est-ce donc le rôle du législateur, dans une démocratie libérale, de compenser ce qu'il peut y avoir d'infériorités pénibles dans la situation des moins favorisés par la fortune à coups de taxes revêtant un caractère de nivellement ? Si quelques impôts frappent plus durement le pauvre, n'est-ce pas sur ceux-là que devra se porter l'attention du législateur pour les adoucir, au lieu de faire ce qu'on appelle vulgairement une cote mal taillée ? En tout cas, quelque moyen qu'on prenne pour soulager le pauvre, ce serait une idée peu judicieuse et peu juste que de corriger une inégalité involontaire par des procédés durs et arbitraires à l'égard du riche : moyen peu sûr d'ailleurs, la solidarité qui unit de nos jours toutes les classes ne permettant guère l'emploi de tels procédés à l'égard des classes aisées sans que le contre-coup s'en fasse sentir quelquefois plus péniblement encore sur la partie de la société qu'on a voulu ménager, venger peut-être. Le système qui fait de l'impôt le juge des fortunes, du trop et du trop peu, pour niveler, équilibrer, tailler les parts, distribuer les charges en dehors du principe de proportionnalité, mène droit à l'arbitraire et à la ruine. Partant de là, Robespierre avait proposé d'exempter de tout impôt des classes entières de citoyens peu aisés. Il reconnut qu'il s'était trompé, que l'impôt était la dette de tous, en dehors de l'indigence constatée, et comme le *titre civique*, qui constituait aussi bien un honneur qu'une charge. On peut, pour un impôt spécial, adopter l'exemption de la taxe au-dessous de tel revenu ou de tel taux de loyer, comme les Anglais le font pour l'*income-tax*, et comme nous le faisons pour l'impôt locatif. Il n'y a rien de commun entre cette manière d'agir et le système de la démocratie égalitaire qui surimpose le riche et qui exempte le pauvre. L'Angleterre fait payer beaucoup aux riches, mais non en vertu d'une théorie d'égalisation qui partirait du principe philosophique des inconvénients et des infériorités diverses dont le pauvre peut avoir à souffrir, — argument qui mène loin dans sa téméraire généralité. Un impôt pèse-t-il sur les masses, comme les lois sur les céréales, elle le modifie ou le supprime. Dépasse-t-elle un peu la proportion exacte lorsqu'elle s'adresse aux riches, ce n'est pas en vertu d'une maxime ; elle a recours aux sources les plus abondantes : voilà tout. On ne voit pas que la masse se trouve mal de ce système. Et je ne parle pas de la taxe des pauvres, qui n'est que le sacrifice librement consenti par la charité et par la politique. Le grand moyen de soulagement pour la masse chez nos voisins est la facilité donnée au travail et à la consommation. On ne les voit pas imposer les matières premières, surtaxer sans mesure les produits fabriqués. Leurs réformes radicales sont des dégrèvements. Les effets auxquels nous faisons allusion, et que nous caractérisons par l'abondance du travail, le développement des salaires, la facilité plus grande de la vie, n'ont pas cessé de recommander la réforme douanière à laquelle Robert Peel attacha son nom. Les réformes de ce genre profitent à tous, même au trésor ; le pauvre s'en réjouit sans que le riche ait à en souffrir, et la société avance par des procédés libéraux et larges qui sont justement l'opposé de ces expédients à la Procuste, toujours si chers à la démagogie.

Une des inspirations les plus malheureuses auxquelles pourrait se laisser aller notre démocratie serait de vouloir décourager le luxe systématiquement. Pour atteindre ce luxe malsain qui occupe toujours trop de place, mais qu'il n'est pas aisé de détruire en dehors de l'action des mœurs, elle frapperait sur ce luxe permis et fécond sans lequel il nous est impossible de comprendre l'idée même de la civilisation. Ce luxe n'en est pas seulement la fleur, comme on le dit, il en est aussi le fruit, s'il est vrai que tous plus ou moins non-seulement s'en parent, mais à la lettre s'en nourrissent. L'anéantir, ou seulement y prétendre, ce serait plus que découronner l'édifice de nos sociétés industrieuses, ce serait le saper dans une de ses bases essentielles. Tout esprit sensé est trop convaincu de cette vérité, laquelle n'est plus qu'un lieu-commun d'économie politique, pour qu'il soit nécessaire d'appeler en témoignage la statistique, qui établit approximativement le chiffre prodigieux des richesses représentées par les industries dites de luxe. L'impôt *somptuaire*, qui se propose pour but essentiel de réprimer le luxe, serait un anachronisme, une vieillerie. Ce serait de plus un contresens, si on donne sa signification la plus favorable et, j'aime à le croire, la plus exacte à ce mot de démocratie. Une démocratie libérale ne saurait investir le législateur du pouvoir de contraindre à la moralité par un vaste système de règlements préventifs. Elle ne peut avoir l'idée de traiter comme immoralité telle émanation ou forme de la richesse qui ne saurait, sans une injustice ridicule, recevoir cette qualification flétrissante. Notre société civile et politique repose sur un principe qui lui imprime son caractère : la libre responsabilité. Nous abandonnons le mauvais luxe à ses conséquences naturelles, le scandale, la dette, la ruine. Telle est la règle ; s'il y a des exceptions, elles doivent être rares. On l'entendait autrement dans le passé. Le législateur se croyait le droit, même le devoir d'intervenir dans le luxe privé. Armé de prohibitions, il créait les lois qui prétendaient empêcher et qui n'empêchaient rien, sauf certains cas où tantôt la violence des institutions, tantôt encore la force du sentiment religieux, comme à Genève pendant le gouvernement de Calvin, ont pu réaliser pour un temps le résultat désiré. L'impôt somptuaire, affichant l'intention de décourager le luxe, que les monarchies absolues et les aristocraties n'ont guère moins au reste employé que les démocraties républicaines, est un procédé plus doux que les lois somptuaires, quoique violent encore. A la différence de ces mesures de prohibition qui mettaient un *veto* sur telle dépense de table ou sur tel article de toilette, il prétend plutôt limiter qu'interdire, il est plus répressif que préventif ; par conséquent il paraît un peu moins incompatible avec la liberté individuelle. Caton était déjà condamné à battre en retraite lorsqu'il substituait à la loi qui défendait le luxe des femmes l'impôt somptuaire qui se bornait à taxer leurs bijoux et leurs parures.

Sur quoi se fonderaient aujourd'hui des impôts somptuaires destinés à châtier le luxe et à traiter les riches en ennemis ? Certes il y a un mauvais luxe, et les appétits qui le développent et qu'il suscite à son tour, comme les scandales auxquels il donne lieu, méritent peu de pitié ; mais, encore une fois, l'œuvre de la législation ne saurait se confondre avec celle de la morale. Invoquerait-on ces injustes privilèges qui dispensaient autrefois des classes entières, et celles-là mêmes qui étaient le mieux en état de payer l'impôt, de s'acquitter de leur dette envers l'état, tellement que M. de Tocqueville a pu dire qu'au XVIIIe siècle, en France, les immunités étaient pour les riches, tandis qu'en Angleterre elles étaient pour les pauvres ? Sans réussir à établir toujours une proportionnalité suffisante, la révolution de 1789 a effacé ces inégalités choquantes. Invoquerait-on des raisons d'humanité envers les classes ouvrières ? Lorsque l'impôt sur le luxe va au-delà d'une mesure assez restreinte, il risque de leur prendre trois ou quatre fois plus sous forme de salaires qu'il ne leur ôte de leur part d'impôts par la surtaxe du riche.

Il serait sage, je crois, de renoncer à nommer *somptuaire* l'impôt qui atteint sans hostilité systématique certaines consommations de luxe. Le langage s'est habitué à donner à cette épithète une signification toute restrictive, et qui appartient à des temps passés sans retour. A l'idée de l'impôt somptuaire se lient certaines idées morales, politiques, économiques, qui n'ont plus cours ; toutes les nôtres tendent à mettre l'impôt somptuaire hors de cause. On a fait justice du préjugé économique qui menait à traiter avec une sévérité particulière l'emploi des métaux précieux soustraits au monnayage ; on ne considère plus comme une ruine l'achat au dehors de certains produits. On ne prétend plus davantage distinguer les rangs par l'habit ou par l'équipage, comme au temps de Philippe le Bel ; la bourgeoise *a char* malgré tant de belles ordonnances, et porte la soie comme la femme noble. La démocratie peut admettre en nombre modéré des impôts *sur* le luxe ; elle ne saurait vouloir des impôts *contre* le luxe. Un tel système serait d'ailleurs plus impraticable et plus inefficace encore que sous l'ancien régime en raison de l'accroissement du nombre des personnes aisées qu'il atteindrait, des industries qu'il frapperait, de la masse des choses susceptibles d'être plus ou moins désignées par ce terme, et qu'il ce serait pas toujours plus facile de classer que de taxer entre les mains où elles se rencontrent. Populaires au début, ces taxes systématiques aboutiraient à une immense impopularité. Mieux vaudrait à coup sûr rester un peu au-dessous de la matière imposable en ce genre que de prétendre l'embrasser tout entière en risquant, à force de logique, de dépasser le but. Malheureusement il y a aujourd'hui un si grand nombre de personnes qui se piquent de logique qu'il faut s'en défier. Seule, la morale inspire plus de prétentions. Il y a eu déjà tant de manières de tuer les gens au nom de la morale et de la logique ; au nom du ciel, n'y joignons pas l'impôt ! Les confiscations révolutionnaires ne font qu'un mal momentané ; une hypocrisie légale qui dirigerait contre la richesse l'*égalité* et la *fraternité* aboutirait à l'épuisement des ressources publiques et privées.

La désignation d'*impôts somptuaires* écartée, il faut la remplacer par une autre plus exacte. M. de Parieu, dans un savant traité, s'est servi pour désigner ce genre de taxes du nom d'impôts sur les jouissances, parmi lesquels se placent aussi les taxes sur les portes, les fenêtres, les cheminées, c'est-à-dire sur des objets de nécessité. Il y aurait lieu de mieux marquer la distinction, ce que fait imparfaitement, selon moi, la désignation d'impôts sur le luxe, le mot de luxe ayant le tort de rappeler des objets qui se caractérisent par leur valeur exceptionnelle et par l'éclat extérieur, par conséquent de s'appliquer fort mal à des choses comme le tabac ou les liqueurs. Le terme de *jouissances* ou *consommations de luxe* ne présente pas le même inconvénient, et s'attache, indépendamment de toute idée nécessaire de magnificence, à tous les usages plus ou moins superflus, à des habitudes vulgaires aussi bien qu'à des raffinements recherchés, à des consommations usitées dans les classes ouvrières comme à celles dont la classe riche a le privilège. C'est au fond l'impôt sur les choses dont à la rigueur il serait possible de se passer.

Je prévois une objection. On me dira que la démocratie ne paraît pas si avide que j'ai eu l'air de le supposer d'établir des impôts somptuaires ; M. Proudhon va même jusqu'à en faire la critique. L'auteur du *Système des contradictions économiques* s'exprime sur ce sujet comme le ferait un économiste conservateur. Je ne m'en étonne aucunement. On peut renoncer à déclarer la guerre au luxe sous son nom lorsqu'on abolit la propriété, et qu'on proclame l'égalité des salaires. L'impôt serait une machine bien faible quand on dispose de moyens tout autrement radicaux pour atteindre un but tout autrement étendu. A quoi sert-il d'ailleurs de parler avec éloge d'un certain luxe utile lorsqu'on ne veut pas que Phidias soit plus rémunéré qu'un maçon ? La plupart des écoles socialistes ou communistes substituent à l'impôt somptuaire l'impôt progressif, ou ne recourent au premier que comme auxiliaire, et sous la forme la plus durement progressive. Il est clair que c'est au luxe et aux inégalités réputées excessives qu'elles s'attaquent par ce moyen. C'est une façon de punir la richesse, et d'arrêter la formation du superflu en en frappant l'usage au-delà d'un certain taux. C'était bien un impôt contre le luxe et les riches que l'impôt progressif établi en 1442 par la démocratie florentine avec ses quatorze degrés de progression, dont le dernier allait à environ 34 pour 100. Il en fut de même de la Hollande obéissant aux mêmes inspirations démocratiques. Dans les deux pays, le luxe fut profondément atteint dans ses formes les plus fécondes, et le capital s'en trouva fort mal, sans que la condition des travailleurs y gagnât. On alléguera peut-être aussi notre impôt progressif sur les logements à Paris, qui vient d'être porté à 14 pour 100 pour certains taux de loyers, et on y montrera un précédent dont on ne signale que de bons effets. Nous répondrons qu'il n'y a rien là de somptuaire ni même de progressif, si ce n'est en apparence, cette application toute partielle de la progression n'étant qu'un moyen d'arriver au revenu présumé en prenant le loyer pour signe, et de réaliser une proportionnalité plus exacte. L'aspiration vers l'impôt progressif n'est encore de la part de notre démocratie qu'à l'état de désir ; rien dans notre système financier n'en porte réellement la trace.

Entre les impôts sur certaines consommations de luxe et les impôts somptuaires de l'ancien régime ou l'impôt progressif de la démocratie avec ses intentions hostiles au luxe, il y a un abîme. Autrement comment expliquer que des pays comme l'Angleterre, comme la Prusse, qui se soucient peu de donner à l'esprit démocratique des gages exagérés, aient des impôts sur le luxe et même avec un caractère modérément progressif en vue d'atteindre le revenu réel ? Ici l'inspiration, le but qu'on se propose, importent beaucoup, et le même fait matériel peut répondre à des idées fort différentes. De même qu'elle doit rejeter l'impôt niveleur, la démocratie doit repousser l'impôt se faisant pour ainsi dire entrepreneur de la moralisation publique en frappant outre mesure sur toutes les consommations qui présentent quelque inconvénient moral. Cela ne veut pas dire que le caractère immoral de telle consommation n'invite justement le législateur à la peu ménager. On voit par là dans quel esprit nous abordons l'examen des impôts sur les consommations de luxe dans nos budgets. Nous assignons à l'impôt un rôle modeste ; nous nous refusons à en faire l'instrument de la réforme universelle et plus encore d'une révolution sociale. Atteindre la fortune ou, plus exactement, le revenu d'une façon proportionnelle, voilà au fond l'objet unique que l'on doit avoir en vue. Autrement on fausse cette question de l'impôt, déjà si difficile en elle-même, à force de l'étendre ; on dénature par une application abusive de la politique, et le plus souvent d'une politique détestable, une question qui reste économique par essence.

Section II

Le caractère actuel des impôts sur les consommations de luxe, à consulter notre budget et celui des autres états, y compris ceux des états démocratiques par excellence, la Suisse et les États-Unis, c'est d'être en nombre limité, bien plus limité que les manifestations du luxe, et en général d'un rendement modique. Ou bien on vise à atteindre ce qui est un luxe général, car en dépit de la contradiction qui semble être dans ces mots : *luxe général*, il y a telle dépense à beaucoup d'égards superflue qu'un très grand nombre de personnes se permettent ; dans ce cas seulement, le revenu de l'impôt a chance de s'élever, — ou bien on établit certaines catégories qui ne regardent que les riches ou du moins des consommations qui supposent l'aisance assez développée, et ces taxes, sans être ni injustes, ni à dédaigner par leur ensemble au point de vue financier, ne peuvent donner beaucoup. Elles deviendraient oppressives et se tariraient elles-mêmes, si on leur demandait au-delà des limites les plus modérées. La raison en est que la plupart des personnes qu'on appelle riches ne le sont que dans des proportions assez restreintes, surtout dans un pays où la fortune est morcelée comme en France sous la double forme foncière et mobilière. L'exiguïté relative de ces derniers impôts leur a même créé des censeurs qui vont jusqu'à les regarder comme plus nuisibles qu'utiles. L'auteur d'études justement remarquées ici même, M. Victor Bonnet, renouvelait récemment contre telle de ces taxes, celle sur les voitures et les chevaux par exemple, une critique qui serait la condamnation absolue de toutes ces taxes spéciales atteignant les consommations de luxe. « Ou bien, dit-il, ceux sur qui la taxe tombera consentiront à la payer en conservant la même quantité de chevaux et de voitures, et alors ils se restreindront sur d'autres choses, ils consommeront moins de vin, moins de sucre, moins d'étoffe de diverses espèces, etc., de sorte que, si la taxe rapporte 20 millions, ce sera 20 millions d'enlevés à la consommation générale, partant à la production, ce qui réagira nécessairement sur les salaires et les fera baisser ; ou bien les personnes qui auront à subir ces taxes de luxe réduiront le nombre de leurs voitures et de leurs chevaux, alors voilà deux industries atteintes. » La même observation retombe sur tout impôt de consommation, quel qu'il soit. La somme employée à le payer n'est-elle pas enlevée aux dépenses individuelles et soustraite aux industries qu'elle aurait pu alimenter ? On peut dire que c'est moins sensible pour le sel, pour les boissons, — soit ; mais en général quelle taxe n'atteint plus ou moins l'agriculture ou l'industrie, ne resserre plus ou moins la consommation ? Ne se pourrait-il pas aussi que ceux qu'atteindrait la taxe en question, au lieu de consommer moins de sucre, moins d'étoffe, fissent porter cette diminution de leur revenu sur cette partie de l'épargne que représente le capital immobilisé ? Empêcher cette épargne est un mal ; pourtant ne peut-il être réparé en tout ou en partie, si l'état emploie les sommes qu'il perçoit en travaux reproductifs ? Que s'il les consacre au paiement d'indemnités de guerre, alors c'est la nécessité qui parle, et cette raison vaut les autres. Je sais à quels abus fiscaux cette nécessité de faire flèche de tout bois a conduit les gouvernements ; ce ne doit pas être un motif pour leur interdire de recourir à des taxes qui ajoutent à leurs revenus des sommes qu'il leur serait autrement difficile, sinon impossible de se procurer.

Au reste, en ce qui touche ces taxes spéciales, la politique elle-même commande des réserves. Elles peuvent montrer à la foule que le riche ne cherche pas à soustraire aux charges profitables à l'état les jouissances exceptionnelles que lui permet sa situation sociale. L'effet moral en ce sens est salutaire. Poursuivies avec une recherche trop inquiète et poussées à l'excès, elles ne satisfont pas plus la jalousie qu'elles ne satisfont la justice ; la démocratie ne se contente plus, qu'on me permette cette expression vulgaire, de l'os qu'on lui jette à ronger : son appétit ne fait que s'y exciter ; tout ce qui n'est pas équitable et consenti ne fait qu'ouvrir la brèche à des exigences nouvelles et sans terme.

Parmi ces consommations qui, tout en étant devenues usuelles, gardent leur caractère de superflues, car l'hygiène y joue un rôle assez faible en comparaison de l'agrément, se trouve le tabac. L'article 33 du projet soumis à l'assemblée nationale par le gouvernement autorise la régie à fabriquer de nouvelles qualités de tabacs supérieurs à priser, à fumer et à mâcher. Il est en outre établi que les tabacs et cigarettes dont l'importation est autorisée pour le compte des particuliers paieront 36 francs par kilogramme. On n'aura qu'à se féliciter, si on trouve de nouvelles ressources dans cet impôt, qui en produit de si considérables. (La vente du tabac en 1869 ne s'élevait pas à moins de 246,809,000 francs.) L'état ne se constitue pas outre mesure moralisateur par l'impôt en faisant payer ce produit plusieurs fois sa valeur, augmentation qui ne paraît avoir découragé personne. On ne peut vouloir pourtant qu'il fasse complètement abstraction de l'utilité morale non plus que de la question d'hygiène ; cela suffit pour lui ôter tout scrupule, et lui sert jusqu'à un certain point d'encouragement. Peut-être pourrait-on ajouter, si on ne craignait de se brouiller avec trop de gens, que cette consommation de luxe, la moins digne d'intérêt au point de vue esthétique, est aussi une des plus égoïstes, puisque les jouissances qu'elle procure, au lieu d'avoir le caractère communicatif qu'on peut alléguer en faveur d'autres dépenses de luxe dont la foule jouit gratuitement, ont pour conséquence l'incommodité et, pour ainsi dire, l'oppression de ceux qui se l'interdisent. En surtaxant le tabac, la démocratie ne peut se plaindre qu'on trahisse ses intérêts. Elle ne peut voir de mauvais œil ce monopole, qui depuis 1810, année où il fut rétabli après avoir été remplacé en 1791 par un droit de douane beaucoup moins fructueux, permet à l'état d'entreprendre des travaux productifs et de ne pas peser par de nouvel les taxes sur des produits ou des services utiles à tous, que pourtant le budget a frappés d'un surcroît de droits, quelques-uns très regrettables. Tous ces impôts sont au fond des impôts sur le travail ; l'impôt sur le tabac serait plutôt un impôt sur l'oisiveté. Bien qu'exercé sous la forme de monopole, et quoique la recette contienne près de quatre fois et demie la dépense, ou ne peut dire que cet impôt soit lourd pour les consommateurs français. En Angleterre, où le tabac est imposé par la voie de la douane, la taxe appliquée aux tabacs en feuille s'élève à 8 francs 27 centimes le kilogramme. « Cette taxe, lit-on dans un rapport sur la situation de l'empire publié il y a quelques années, fait peser sur le consommateur anglais une charge assurément bien plus considérable que le prix de 10 francs par kilogramme, qui en France comprend, outre l'impôt dû à l'état, le prix de la matière première, les frais de transport et de fabrication, et le bénéfice du débitant. » Ce motif, invoqué pour justifier en 1861 l'augmentation du prix des tabacs, n'a pas perdu sa valeur. Le mouvement ascendant de cette consommation est de nature à prouver que l'augmentation du prix agit avec moins de force que l'habitude. Diminuât-elle dans une certaine mesure, qu'importe, si le trésor avait chance de trouver encore son avantage dans une augmentation de prix à consommation égale ? Une taxe progressive sur les cigares de luxe n'a rien certes qui blesse les principes. C'est le revenu qu'elle frappe avec chance de l'atteindre proportionnellement. Élever le prix de cette fantaisie et payer ainsi, ne fût-ce qu'une parcelle de l'indemnité énorme qui nous est imposée, ne saurait choquer les économistes les plus orthodoxes ; de tous les moyens de délivrer le territoire de la présence de l'étranger, on n'en peut imaginer de plus commode que celui qui consiste à fumer un cigare. Plût à Dieu que tous les sacrifices que nous commande le patriotisme fussent à si bon compte !

Quelques-unes de ces observations s'appliquent à un plaisir qui est un luxe, quoiqu'il se soit fort répandu, je veux parler de la chasse. Porter, comme on vient de le faire, le permis de chasse de 25 à 40 francs n'a rien d'exorbitant pour des personnes qui n'hésitent pas à se donner ce plaisir, dispendieux par la perte de temps, et qui ne couvre pas toujours par la valeur du gibier tué les frais de chasse. On peut se dispenser d'ajouter à ces justifications le mot de Mathieu de Dombasle : « l'agriculture a deux fléaux, le gibier et le chasseur. » Malheureusement elle en a bien d'autres ; la chasse, dans les conditions de surveillance où elle s'exerce, est beaucoup moins destructive que dans le bon vieux temps. La Fontaine serait obligé d'adoucir les couleurs dont il a peint les ravages exercés par des chasseurs gentilshommes. On respecte davantage la propriété, et nos petits propriétaires, qui sont en général de grands chasseurs, en connaissent le prix. Ce n'est donc pas là un plaisir nuisible en général ; il paraît même plus fait pour fortifier le corps que pour endurcir les mœurs, quoi qu'en disent ceux qui en accusent la barbarie. Il faut joindre au produit de cette taxe l'impôt qui atteint la poudre et les armes qui servent à chasser. Le prix de la poudre de chasse est doublé par le nouveau budget. C'est un ensemble de revenus qu'il n'est pas possible de mépriser, soit qu'il aille à l'état, soit que la commune en profite. Il s'est agi, il y a quelques années, d'imposer aussi les capsules d'un droit de 9 francs par millier de capsules ; les fabricants de capsules ont fait valoir toutes les considérations commerciales qu'il est facile de prévoir. Les capsules fulminantes de poudre de chasse et les cartouches de chasse figurent au nouveau budget parmi les articles imposés.

L'impôt sur les chiens, longtemps repoussé par le législateur, d'abord désagréable au public et qui a fini par s'acclimater, tient compte de l'élément du luxe et distingue en termes exprès les *chiens de luxe* des chiens occupés à divers emplois, comme les chiens de berger. Le législateur n'a pas commis l'oubli que M. de Chateaubriand reproche à Buffon : il s'est souvenu du chien de l'aveugle, et n'a pas soumis à la taxe de 10 francs, qui frappe les chiens d'agrément et de chasse, les autres catégories, pour lesquelles le droit peut tomber jusqu'à 1 franc. La répugnance qu'inspire chez nous toute taxe ayant une apparence somptuaire s'est témoignée d'une manière bien caractéristique dans la discussion même du projet. Le rapporteur, M. Lélut, a effacé le plus possible le caractère d'impôt de luxe, bien évident pourtant, derrière deux considérations d'ailleurs valables et développées avec beaucoup de force : la concurrence que près de quatre millions de chiens font à la nourriture de l'homme, et la rage. Diminuer le nombre, qui coûte environ 80 millions de francs à nourrir, et réduire de moitié peut-être les chances de l'horrible fléau, tel est le point de vue auquel s'est placé le savant médecin. Plusieurs autres pays ont dès longtemps adopté cet impôt comme pur impôt de luxe, et les circonstances ne permettent pas de sacrifier les 5 ou 6 millions qu'il rapporte.

Le nouveau budget voté par l'assemblée nationale surimpose les liqueurs et les consommations alcooliques. C'est là le luxe populaire et un mauvais luxe. Il faut faire fléchir ici en une certaine mesure le principe que l'état ne doit pas se constituer le juge des consommations privées au point de les attaquer de front par l'impôt. Pour le tabac j'ai dit seulement qu'il ne devait pas redouter une certaine diminution d'une habitude poussée jusqu'à l'abus, sans nier qu'il excéderait certainement son droit, s'il allait jusqu'à prendre cette habitude corps à corps. Pourquoi ? Parce que le caractère nuisible de cette consommation s'arrête dans certaines limites. Il n'en serait pas de même pour l'opium, si notre race se mettait à s'empoisonner avec cette substance. C'est un de ces cas *in extremis* où la liberté individuelle cède devant les règles supérieures de morale et d'hygiène, et où commande le salut public. Ce que je dis de l'opium, il faut le dire jusqu'à un certain point de l'absinthe et des autres alcooliques. L'ivrognerie a de terribles comptes à rendre dans les derniers événements de l'année qui vient de s'écouler. C'est un de ces vices s'étalant en public qui ne sauraient arguer de la liberté du foyer. Que l'impôt préventif s'ajoute à l'amende répressive, il n'y aura rien à redire, et les augmentations qui, dans le nouveau budget, atteignent l'alcool, l'absinthe et d'autres liquides analogues, sont d'autant mieux légitimées qu'elles frappent non plus seulement un plaisir, mais dans bien des cas un vice nuisible au pays comme à ceux qui s'y livrent. Les consommateurs modérés acquitteront sans beaucoup s'en apercevoir une surtaxe qui ne pèse pas trop sur les faibles quantités, quoique l'augmentation en soit assez marquée pour constituer une accroissement de revenu. Par l'article 27, le droit de consommation par hectolitre d'alcool pur contenu dans les eaux-de-vie et esprits en cercles, par hectolitre d'eaux-de-vie et esprits en bouteilles, de liqueurs et absinthes en cercles ou en bouteilles et de fruits à l'eau-de-vie, est fixé à 125 francs en principal. Sur d'autres articles, les divers alcools paient 30 francs par hectolitre, les liqueurs 35 francs. Il ne faut pas séparer de ces droits ceux qui frappent les débitants de boissons, et que fixe en les surélevant le nouveau budget. Ne nous apitoyons pas trop sur ces débitants ; les consommations du cabaret n'absorbent qu'une trop grosse part des salaires. Il faut avouer pourtant qu'ici tout est difficile. L'ouvrier qui consomme le vin en famille est souvent obligé de l'acheter au cabaret en détail. En outre le cabaretier frappé de nouveaux droits ne réussit que trop à se les faire rembourser par une passion qui ne connaît aucun frein. C'est moins le droit de l'état que son pouvoir qui se trouve resserré dans d'étroites bornes. Pour limiter cet abus, qui s'est si effroyablement répandu, comptons faiblement sur l'impôt, même en l'employant comme auxiliaire : c'est ici comme ailleurs à l'éducation de faire son œuvre moralisatrice, qu'accomplissent si difficilement les moyens de contrainte. Ce qui est encore vivement à souhaiter, c'est que les vins de luxe, à l'usage exclusif du riche, paient sensiblement plus que les vins communs consommés par la classe pauvre. Ce n'est pas la mauvaise volonté du législateur qu'il faut accuser, ce sont des difficultés de constatation. Ne sera-t-il pas possible d'en triompher et d'effacer cette uniformité de tarif qui porte le caractère d'une injustice véritable ?

J'arrive à d'autres surtaxes qui frappent des consommations

dignes d'intérêt. Il est à souhaiter que les augmentations d'impôt qui pèsent sur le café, le thé, le chocolat, le sucre, n'aient pas un caractère durable. Sans doute ce sont à beaucoup d'égards des consommations d'agrément, mais ce sont aussi des consommations alimentaires, et l'usage modéré, n'eût-il même que l'agrément pour but, n'est pas sans de réels avantages hygiéniques. C'est ici surtout qu'il est à craindre que l'augmentation, qui est de 3 dixièmes pour le sucre, qui porte l'impôt à 200 francs pour 100 kilogrammes de thé venant des pays hors d'Europe, à 160 fr. pour les 100 kilog. de chocolat (surtaxe de 35 francs), à 150 ou à 170 francs pour les 100 kilog. de café, et même à 200 francs, s'il est torréfié ou moulu, sans préjudice du droit de 55 fr. sur les 100 kilog. de chicorée, n'agisse d'une façon ultra-restrictive, dommageable à la consommation. Il est vrai que les habitudes qui s'attachent à ces consommations sont très fortes, on l'a vu déjà pour quelques-unes lors du blocus continental sous le premier empire ; il faut le reconnaître pourtant, elles le sont moins que les habitudes vicieuses, et les consommateurs de thé ou de café arriveront plus facilement à se restreindre que les fumeurs de tabac et que les buveurs d'absinthe.

C'est un véritable impôt sur les consommations de luxe que celui que consacre l'article 30 relativement aux cartes à jouer. Les droits de 25 et de 40 centimes actuellement perçus pour chaque jeu de cartes sont remplacés par un droit unique en principal, quel que soit le nombre des cartes, et quels que soient la forme et le dessin des figures. C'est encore un de ces monopoles en général peu justifiables, mais qui, pour les cartes comme pour le tabac, s'appuient sur des raisons plausibles. Il présente d'ailleurs quelques circonstances particulières. L'état a le monopole du papier servant à la fabrication, et ce n'est pas ce monopole qui est considéré comme productif, c'est le droit sur les cartes fabriquées. La fabrication elle-même est surveillée et réglementée. Un impôt qui rapporte environ 1,500,000 francs n'est pas méprisable, et il ne cause aucun préjudice. On le trouve au surplus dans la plupart des budgets, et il compte en France environ trois siècles d'existence. D'autres jeux sont atteints, mais indirectement : le billard par exemple, qui ajoute à la patente dans les cafés et débits de vin. La commission du budget a proposé avec raison d'étendre cet impôt. A partir du 1er octobre, un droit de 60 francs est établi sur les billards à Paris ; il va de 30 francs à 6 francs pour les autres villes, selon la population. L'idée de multiplier les impôts sur les jeux est une des plus chères aux partisans des impôts sur les consommations de luxe. Les dés furent imposés en Hollande, les quilles le sont à Brème, et le billard est assez fortement taxé à Brème, dans les cantons de Vaud et de Genève, etc.

Un fait est de nature à frapper. La France est un des pays les moins riches en impôts sur les consommations de luxe. Il n'y a guère que la Russie, l'Italie et l'Espagne qui en aient moins. Est-ce un bien ? est-ce un mal ? Cette circonstance que la fortune est chez nous morcelée suffit-elle à expliquer cette infériorité, que tend à maintenir une assez vive répugnance de la part de notre riche bourgeoisie ? Je constate le fait sans le commenter, et je vais en citer quelques preuves. L'impôt sur les domestiques est séculaire en Hollande ; il fut même très progressif selon le nombre à certaines époques. Le tarif néerlandais, cité par M. de Parieu, présente encore des catégories très variées ; la femme de chambre y figure pour un certain taux, le jardinier pour un autre. On trouve cette taxe établie tantôt temporairement, rarement d'une manière durable, en Prusse, en Suède, en Portugal, dans plusieurs cantons helvétiques. Elle subsiste en Angleterre depuis longtemps, et donnait en 1869 un revenu de 223,654 livres sterling (4,591,350 francs). Ce droit de 1 livre 1 shilling pour les domestiques au-dessus de dix-huit ans, et de 10 shillings 10 deniers pour ceux qui sont d'un âge inférieur, laisse d'ailleurs en dehors d'assez nombreuses catégories ; les domestiques nécessaires dans certaines professions sont exemptés. La Grande-Bretagne présente encore d'autres impôts offrant le même caractère, par exemple deux impôts qu'on peut appeler éminemment *britanniques*, et qu'il ne serait pas aisé de transplanter chez nous, le premier surtout : je veux parler de l'impôt sur la poudre à cheveux, qui rapporte la somme assez insignifiante de 975 livres sterling pour 1869 (24,375 francs), et de l'impôt sur les armoiries, qui donne pour la même année 68,845 livres sterling (1,721,125 fr.). Rien d'analogue chez nous. Les raisons qui déterminaient Vauban à vouloir imposer les vénérables perruques du temps de Louis XIV ont disparu, et je ne sais jusqu'à quel point on peut rattacher aux impôts de ce genre nos droits sur les concessions et collationnement de titres nobiliaires, sur les autorisations indispensables pour porter un ruban étranger.

Cela me conduit à parler d'un impôt particulier qui a existé chez nous il y a peu de temps, l'impôt sur les voitures de maître et les chevaux de luxe. Cet impôt, adopté en 1862, a été supprimé en 1865 pour des motifs peut-être contestables dans des circonstances financières ordinaires, mais qu'il ne semblait guère possible d'admettre en présence des charges écrasantes que l'indemnité allemande fait peser sur nous. Un grand nombre de budgets hors de France ont adopté cet impôt, et dans des proportions supérieures à celles qu'avait fixées la loi de 1862. Ce droit existe de longue date en Angleterre et dans d'autres pays moins signalés par l'opulence. Pour l'Angleterre, Adam Smith mentionnait déjà un droit de 4 livres sterling par an pour un carrosse, droit établi en 1747, et qui fut porté à la fin du siècle à 9 livres 12 shillings. Cet impôt n'a cessé d'exister depuis lors et constitue la meilleure partie des impôts sur le luxe. Pour 1869, les voitures de maître ont produit chez nos voisins un revenu de 408,785 liv. st. (10,219,625 fr.), les chevaux de selle 274.529 livres (6,863,225 francs), les autres chevaux et mules 161,159 liv. (4,028,975 fr.), les marchands de chevaux 16,133 liv. (403,325 fr.), ce qui fait un total de 21,515,150 fr. pour cette partie des impôts inscrits parmi les *assessed taxes*. On peut dire que l'ensemble des impôts de luxe en Angleterre ne donne guère, — quand ils arrivent à ce chiffre, qui n'est pas réalisé tous les ans, — beaucoup au-delà de 25 millions de francs. On voit que le rendement de ces taxes est médiocre, même dans les pays qui y paraissent le plus favorables par l'opulence exceptionnelle d'un certain nombre de familles. Quant à cet impôt sur les voitures particulières et sur les chevaux, même les pays qui ne l'ont pas gardé l'ont adopté dans les circonstances difficiles, depuis la Prusse en 1810 jusqu'à la Hollande, l'Autriche, le Danemark et d'autres nations. A Bâle, par la loi du 7 avril 1818, les chevaux de selle supportent un impôt de 16 francs, et les voitures à 2 chevaux une taxe de 30 francs. C'est un chiffre modéré en comparaison de celui que les Pays-Bas avaient mis sur les chevaux et voitures en 1671, en 1749, en 1781, dates qui correspondent à des nécessités financières exceptionnelles provoquées par la guerre. C'étaient alors des droits allant de 15 à 25 florins par cheval de selle, et le droit était souvent très progressif selon le nombre des chevaux.

Vous trouvez aujourd'hui plusieurs pays où cette taxe existe, soit au profit de l'état, soit au profit de la commune. Gand a taxé les chevaux de luxe ; on rencontre un impôt municipal du même genre à Bruxelles, à Dison, à Verviers ; l'Union américaine y a eu recours plus d'une fois. D'après notre loi de 1862, qu'il n'est pas inutile de rappeler dans les circonstances présentes, le maximum de la taxe était pour Paris de 25 francs par cheval, 60 francs par voiture attelée. C'était, suivant des calculs qui paraissent s'éloigner peu de la réalité, une taxe qui n'augmentait guère de plus de 2 pour 100 le coût total annuel d'un équipage. Le produit brut des rôles de 1863 fut de 2,939,895 fr. Il y avait eu 140,000 voitures et 212,000 chevaux imposés. Le chiffre des exemptions accordées avait été très considérable.

Les discussions qui eurent lieu dans les grands corps de l'état, par lesquels l'impôt fut plus d'une fois repoussé avant d'être adopté pour un temps bien court, montrent les dispositions où on est souvent à l'égard de ces taxes en France. L'abus que la démocratie est tentée d'en faire a créé une répugnance qui risque à son tour de dépasser la mesure, et qui s'est appuyée sur des arguments théoriques et pratiques qu'il n'est pas impossible de réfuter. C'est à y répondre que se sont attachés plusieurs des défenseurs de cet impôt. Par exemple, M. Vuitry, outre les raisons spéciales de la taxe, s'appliquait à justifier le caractère imposable des consommations de luxe. Un député, M. Du Mirail, soutenait que le caractère de spécialité n'ôtait rien à la légitimité de cette taxe, chaque impôt de consommation n'atteignant en définitive que la catégorie qui consomme. M. de Lavenay mettait en avant le principe que le procédé de l'impôt, tel que nous le pratiquons, consiste à atteindre le revenu dans les actes extérieurs qui le manifestent. Enfin je citerai comme n'ayant rien perdu de leur force les termes dont se servait un savant légiste, M. Duvergier, pour défendre la loi après qu'elle eut été retirée : « Si en imposant le luxe on empêche la production, il faut s'abstenir ;... mais (pour les voitures et les chevaux) personne n'a jamais prétendu cela, et dans la réalité cela n'a point eu lieu. Il est étrange que l'on montre une si grande circonspection quand il s'agit d'établir un impôt sur le luxe, et qu'on n'hésite pas à établir ou à maintenir des impôts qui atteignent directement et certainement l'industrie dans la personne des ouvriers. Je suis convaincu que l'impôt sur les voitures était juste, qu'il n'atteignait pas le luxe d'une manière dangereuse. Je ne crois pas surtout qu'il faille adopter cette théorie absolue qui condamne tout impôt qui porte sur les manifestations de la richesse qu'on peut considérer comme des jouissances de luxe. » Renfermées dans ces limites, les idées que ces paroles expriment sont de toute vérité. Au surplus, tel paraît avoir été l'avis de la commission du budget. Elle a proposé le rétablissement de la taxe sur les chevaux et les voitures. L'assemblée nationale vient, avant de se séparer, de remettre en vigueur la loi de 1862.

Que les riches, à fortune égale, paient sensiblement moins en France qu'en Angleterre, c'est un premier fait indéniable. Que les impôts sur les consommations de luxe soient notablement plus faibles en France que dans la plupart des autres pays, c'est un second fait qu'on ne peut contester. Il n'y a aucun socialisme à reconnaître de tels faits et à louer les nations qui ont modérément recouru à cet ordre d'impôts.

Est-ce à dire que l'on conseille d'adopter tous les impôts de luxe existant dans le monde ou proposés quelquefois par des écrivains bien intentionnés et qui n'ont rien à démêler avec le socialisme révolutionnaire ? Non assurément. Il y a dans les budgets de l'Europe et des États-Unis d'Amérique une quantité de taxes dont l'application serait trop souvent vexatoire en même temps que le revenu en serait presque insignifiant. C'est affaire de tact que de discerner ce qui peut être emprunté dans ces impôts. Avant la séparation de la Hollande et de la Belgique, on comprenait dans la taxe sur le mobilier les joyaux et les objets d'or et d'argent, comptés pour la moitié de leur valeur. Cette taxe, loin de disparaître, s'est aggravée, ces mêmes objets, en y comprenant les montres, étant taxés pour toute leur valeur. Aux États-Unis, la taxe sur les montres a place parmi les recettes de plusieurs états ; une montre d'argent est imposée dans quelques-uns d'un dollar par an, une montre d'or de deux dollars. La déclaration ne paraît pas se faire avec une grande loyauté, s'il est vrai, comme nous le lisions naguère, qu'on n'avait déclaré, il y a quatre ans, que trente-huit montres dans l'état de la Louisiane et aucune dans la Pensylvanie. On trouve aussi dans quelques états de l'Union l'impôt sur les pianos. En Suède, l'impôt a compris quelquefois des taxes sur les montres et sur les meubles d'acajou et la soie. L'Angleterre a perçu aussi des taxes sur les montres, mais l'impôt a peu duré. L'argenterie, de 1809 à 1812, en Prusse, a été imposée non-seulement à l'aide d'un droit de marque comme en Angleterre et en France, mais encore comme objet de luxe. Nous parlions d'une taxe assez singulière sur les perruques ; la république de Venise les a taxées, et Charles XII aux mauvais jours les a soumises à un impôt, de même que les vêtements de soie et les épées dorées. On remarque jusqu'à un impôt sur la danse, aboli par Frédéric II en 1743 avec d'autres taxes bizarres. Il a été question en Hollande de taxer comme objet de luxe les fleurs artificielles. On a imposé les chapeaux de femme dans le même pays, et n'a-t-on pas imposé les chapeaux d'homme en France sous Louis XIV, ce qui réussit fort mal à notre fabrication ? On cite à Brème un impôt sur les *rossignols*. Il semble que rien n'ait été oublié depuis cette Rome impériale qui, non moins inventive, mettait des impôts sur les égouts, sur les latrines et même sur la profession des courtisanes.

Quelques écrivains ne se contentent pas d'une pareille liste ; ils prétendent encore l'allonger pour la plus grande gloire de la France. J'ouvre le livre d'un auteur, à vrai dire, plus philanthrope qu'économiste, et dont les opinions royalistes éloignent toute idée de connivence avec la démocratie niveleuse, l'ouvrage que M. de Montyon a écrit sous ce titre : *Influence des diverses espèces d'impôts sur la moralité, l'activité et l'industrie des peuples.* L'auteur sa montre prodigue d'impôts sur le luxe, et il faudrait rééditer pour lui le vieux mot de *taxes somptuaires*. A l'exemple de l'ancienne Rome, il rétablit l'impôt sur les célibataires ; il taxe les professions malsaines qui se rattachent au luxe, comme le broiement des couleurs, certains emplois du plomb. En voulant élever la finance jusqu'au rôle providentiel, il la charge de moraliser et de punir. Il exagère les taxes non-seulement sur les liqueurs, mais sur le thé, le cacao, le café. Il impose, comme nos anciens rois, les vêtements enrichis par les broderies ou par l'application des métaux précieux, l'usage des diamants, des dentelles et autres parures ; il taxe les ornements de la sculpture et de l'architecture dans les demeures des particuliers, la somptuosité de l'ameublement, la vaisselle d'or ou d'argent, bien entendu la domesticité, et jusqu'aux livres frivoles, qu'il appelle « un luxe littéraire, » aux plaisirs du théâtre, etc. Le jour où elle voudra multiplier les taxes sur le luxe, la démocratie n'aura qu'à ouvrir ce livre, elle peut y puiser à pleines mains.

Je ne sais si elle passera un jour de la tentation au fait, et si ces taxes ne seront pas invoquées avec excès, dans l'impuissance de réaliser les projets beaucoup plus radicaux que le socialisme médite. La vérité est qu'il ne faut ni abuser des impôts de luxe, même dans l'intérêt des masses populaires, ni non plus prétendre ériger en principe la proscription de toute taxe de ce genre. Il serait faux en théorie, dangereux en pratique, de procéder, dans le problème de la répartition des charges, selon la méthode qui établit les taxes tantôt sur le degré d'importance ou de moralité attribué aux besoins humains, tantôt sur la capacité plus ou moins arbitrairement appréciée des classes de contribuables à pouvoir en supporter le poids. La part faite à ces motifs sera toujours restreinte devant le principe supérieur qui consiste à proportionner l'impôt aux facultés en prenant pour base le revenu, mesuré soit directement, soit par ses manifestations. Il est incontestable que le luxe est une de ces manifestations, non toujours, mais souvent faciles à constater et saisissables à l'impôt. Le législateur qui voudrait atteindre tous les degrés du luxe se perdrait dans une nomenclature infinie et irait échouer devant des nuances qui rendraient son œuvre impossible, tant l'agréable et l'utile, le nécessaire et le superflu s'enchevêtrent, pour ainsi dire, et dans la nature des objets auxquels s'applique l'industrie perfectionnée de notre époque et dans les jouissances que ces objets procurent. Il n'y a que les consommations où cette idée de superfluité ou de jouissance exceptionnelle apparaît en caractères en quelque sorte grossièrement visibles — qui soient susceptibles de ce genre de taxation ; encore faut-il bien s'assurer que la taxe ne présente pas plus d'inconvénients que d'avantages. Cette tâche est délicate, elle n'est nullement impraticable. Qu'elle s'y montre ou non disposée, la société ne peut échapper à la nécessité de faire une part à ces impôts qui ne sont ni plus ni moins désagréables que d'autres, et dont la nouveauté déplaît, quand la fatalité ne permet pas d'y échapper. Contentons-nous d'arrêter cette démocratie qui voudrait faire des impôts sur les consommations de luxe une sorte de pompe aspirante des fortunes et une ruse de guerre contre le capital. Pendant des siècles, l'impôt a écrasé les classes pauvres ; il ne serait pas plus équitable d'en écraser les classes riches. Les privilèges en haut ont causé au monde de vives souffrances ; les privilèges consacrés à satisfaire les passions d'en bas et au prétendu profit des moins favorisés ne produiraient que des ruines.

Section II

ISBN : 978-1983644535

www.ingramcontent.com/pod-product-compliance
Lightning Source LLC
Chambersburg PA
CBHW070934220526
45468CB00005B/1769